APERTURA DE TUS CHAKRAS

LA GUÍA DEFINITIVA PARA PRINCIPIANTES PARA EQUILIBRAR LOS CHAKRAS, Y RADIAR ENERGÍA POSITIVA

DIMAS SAUSEDA

ÍNDICE

Introducción — vii

1. Aspectos básicos — 1
2. Los 7 chakras principales — 7
3. Métodos kundalini para alinear los chakras — 17
4. Métodos kundalini para alinear los chakras (Parte II) — 23
5. Abriendo los chakras con la meditación — 29
6. Desbloquear los Chakras con la digitopuntura — 33
7. Aromaterapia para alinear los chakras — 37
8. Los chakras y los arquetipos — 45
9. Asanas para alinear los chakras — 53
10. Otros métodos para alinear tus chakras — 59

Conclusión — 67

Copyright 2019 - Todos los derechos reservados.

El contenido de este libro no puede reproducirse, duplicarse o transmitirse sin el permiso directo por escrito del autor o el editor.

Bajo ninguna circunstancia se atribuirá culpabilidad ni se responsabilizará legalmente al editor ni al autor de ningún daño, reparación o pérdida monetaria debido a la información contenida en este libro. Ya sea directa o indirectamente

Aviso Legal:

Este libro está protegido por los derechos de autor. Este libro es únicamente para uso personal. No se podrá enmendar, distribuir, vender, usar, mencionar o parafrasear cualquier parte o contenido de este libro, sin el consentimiento del autor o editorial.

Aviso de exención de responsabilidad:

Favor de notar que la información contenida en este documento es solo para fines educativos y de entretenimiento. Todo el esfuerzo fue hecho para presentar información precisa, actualizada y completa. Ningún tipo de garantía viene declarada o implícita. Los lectores reconocen que el autor no está comprometido en presentar consejos legales, de tipo financieros, médicos, ni profesionales. El contenido de este libro ha sido obtenido de diversas fuentes. Favor de consultar a un profesional antes de intentar realizar cualquiera de las técnicas descritas en este libro.

Al leer este documento, el lector acepta que bajo ninguna circunstancia el autor es responsable de las pérdidas, directas o indirectas, que ocurran como resultado del uso de la información contenida en este documento, incluidos, entre otros, - errores, omisiones o inexactitudes.

INTRODUCCIÓN

Chakra, una palabra escuchada en el colectivo, en algún momento ha llegado a oírse, pero muchas personas desconocen a ciencia cierta su significado o la gran importancia que tiene para el cuerpo y todo el bienestar en general.

Los chakras se refieren a áreas específicas del cuerpo donde fluye una energía particular que aporta bienestar y estabilidad.

No todas las personas creen en ellos, pero los que si creen en el poder que tienen, el tenerlos alineados y sanos es vital.

En ocasiones las personas dicen que no comprenden cómo nada tiene sentido en su entorno, ni la razón por la que sus vida marchan tan mal.

Eso podría ser porque se tienen los chakras desalineados o bloqueados, según el chakra o los chakras que tengan problemas, se manifiesta en el cuerpo y en la vida una serie de consecuencias que se solucionan solo cuando ese bloqueo se trabaje.

El cuerpo tiene siete chakras principales, cada uno tiene un color, una ubicación y una tarea muy especial, recorren toda la columna vertebral y giran en el sentido del reloj, mostrando toda su energía.

Tenerlos bloqueados aunque causa problemas en la vida diaria, no es algo que no pueda solucionarse.

Hay muchas herramientas que sirven para poder poner los chakras alineados y que además enriquecen el espíritu y genera bienestar.

Herramientas como la meditación, las piedras preciosas, la digitopuntura, el yoga, los baños de colores, junto a otras muchas técnicas, sirven para que los chakras se alineen.

Este trabajo pretende no solo mostrar cómo alinearlos, sino ser una guía rápida de los chakras ¿qué son? ¿Cómo reconocerlos? ¿Cómo usar sus mantras?

¿Qué sucede cuando se comienzan a bloquear?

Es mucha la información, además es fascinante conocer que se tienen unos vórtices de energía, con colores increíblemente hermosos, girando y siendo causalidades en el día a día de las personas.

Hay personas que se revisan los chakras, identifican que tienen un problema, por ejemplo en el chakra Raiz, que es el primero, el chakra base y se representa por un color rojo vivo hermosísimo, entonces estas personas han dedicado un tiempo a la meditación sobre ese color y chakra en particular y a la vez han usado aromaterapia o una piedra preciosa o el yoga y en poco tiempo han visto los resultados.

No solo eso, en el proceso y eso es algo que se abordará en el contenido a continuación, se ha visto el origen de los bloqueos, los miedos, el abandono, el fracaso, la soledad, la ira y todas las emociones negativas que hay en el entorno y que pueden ser causales de un bloqueo de chakras.

Estos centros ayudan a que la energía vital del cuerpo fluya con naturalidad, aunque la meditación, el yoga y los ejercicios de respiración son una increíble ayuda para volver al centro.

La clave siempre es preguntarse por las cosas que se

sienten bien y las que se sienten mal y nunca mentirse, el camino de la verdad siempre es el más corto y efectivo.

ASPECTOS BÁSICOS

Los chakras son ruedas giratorias o vórtices energéticos que tienen la responsabilidad de la regulación de las energías del cuerpo y están a lo largo y ancho del aura.

Están en todos nuestros campos, en el campo Etérico, que es el más cercano al cuerpo, tiene hasta unos seis centímetros de grosor.

Están el Campo Emocional, el Campo Mental y el Campo Espiritual.

El concepto de los chakras nace en la cultura hindú y está en los textos sagrados Vedas, principalmente en los conocidos como Upanishads, redactados alrededor del siglo VII A.C.

La sánscrita chakra significa rueda y hace alusión a la forma en la que se perciben los chakras.

Los chakras son los principales agentes que regulan el campo energético que tenemos, actúa como transformador o como puertas de entrada de la energía.

Los chakras son los agentes principales de la regulación del campo energético, ajustan la energía vital del organismo conocida como Prana.

Hay que comprender el modo en el que funcionan los chakras, estos se basan en energía, que es el todo, los chakras son apenas una manifestación de la realidad, que es más sutil que la materia, se interactúa de manera continua con todo tipo de energía y hay distintos tipos de vivencias y experiencias, cada una de ellas producen una respuesta diferente en nuestro organismo.

Los chakras se encargan de absorber energía, la procesan y antes de que pueda ser asimilada se hace un ajuste y se sintoniza a la frecuencia vibratoria óptima particular para cada ser.

Luego se precipita en el cuerpo donde desencadena una respuesta fisiológica.

Cada chakra es la confluencia, un punto con muchas

carreteras de energía que se distribuyen por todo el organismo y ahí ocurre un cruce de carreteras con un puesto de procesamiento y regulación, este se llama chakra.

Estas vías y caminos se llaman Nadis y de estos hay más de 72 mil.

Están los tres Nadis principales:

- Ida (Canal izquierdo).
- Pingala (Canal derecho).
- Sushumna (Recorre la espina dorsal).

Ahí surgen los siete Chakras principales y siguiendo a estos Chakras hay 21 Chakras menores y cientos de centros terciarios, de menos relevancia pero igual muy importantes para el mantenimiento de la salud.

Beneficios de tener los chakras alineados

Tener chakras o varios chakras bloqueados puede provocar enfermedades en diversas áreas del cuerpo y causar bloqueos de energía que afectan la vida.

Inicialmente se tiene que tomar el tiempo de cambiar la energía usando el yoga y la meditación, así como muchas otras herramientas que más adelante se abordarán, y que pueden ayudar a desbloquear totalmente los chakras.

Esto es algo que se puede hacer de manera consciente para que se pueda mantener el estado de bienestar.

Cuando se tiene la energía desbloqueada sucede esto:

- Primeramente se adquiere mayor consciencia y apertura a la información psíquica y espiritual.
- Se logra poseer una mayor y rápida capacidad para sanar los problemas del cuerpo, mentales, espirituales y emocionales.
- Se transforman las debilidades y fortalezas.
- Se liberan patrones no compatibles y desarmónicos.
- Se sonríe constantemente para lograr tener un incremento de pasión por la vida.
- Se vive en el presente, los pensamientos se enfocan en el ahora.
- Se supera el aburrimiento.
- Se elimina por completo la incertidumbre.
- Se manifiesta lo que se quiere para la vida.
- Se accede a la sabiduría financiera.

- Todas las relaciones son de amor y saludables.
- Se tiene más autoestima, placer y disfrute en la vida.
- Las decisiones reflejan la armonía, la aceptación y la expresión de amor incondicional.
- El protagonista de la vida es el perdón de uno mismo y de los demás.
- Se logra el acceso a la inspiración para convertir los sueños en realidad.
- Se tiene plena conciencia, intuición, reconocimiento y dedicación relacionado con los sagrado y lo espiritual.
- Aumenta la salud y mejora considerablemente el sistema inmune.
- Se expresa libremente la emoción de una manera saludable.
- Se logra alcanzar el auto dominio, e integridad personal.
- Se disfruta con claridad de una mente que se enfoca en la sabiduría interna desde el corazón.
- Se fortalece, la comunicación clara y acertada del corazón y la mente.

- Se vive plenamente el poder, basado en lo físico y el ser espiritual simultáneamente.
- Se vive con mucha fuerza de voluntad, se tiene una conexión fuerte con la fuente divina, así el camino se emprende más alto.

Los chakras son un elemento diagnóstico importante a la hora de desempeñar cualquier terapia energética o de otra índole, la información que se extrae es valiosa para la práctica clínica.

2

LOS 7 CHAKRAS PRINCIPALES

Comprender los chakras permite entender la relación entre la conciencia y el cuerpo y de esta manera permite ver el cuerpo como un mapa de nuestra conciencia.

Aporta una mejor comprensión de nosotros mismos y de todo lo que nos rodea.

Aquí se muestra cada uno de los chakras y lo que aportan al cuerpo. Estos son los siete chakras principales.

Primer chakra, Muladhara o chakra de raíz

Este es el primer chakra, Muladhara, es el que se llama chakra raíz, este mueve la energía física y domina la voluntad de vivir.

Se localiza en el perineo, entre el ano y los genitales.

Cuando está abierto ayuda a encauzar la energía hacía arriba para la médula espinal. Cuando está bloqueado la persona se siente como ausente, cansada, enfermiza, con un poco de depresión, es decir, que la energía no está fluyendo hacia arriba.

Muladhara significa raíz, se relaciona con el número 4 y el elemento es aire, dicen que los animales guía son el elefante, el toro y el buey.

Se asocia en el cuerpo con el intestino delgado, piernas y pies y con el elemento tierra.

Saturno es su cuerpo celeste, el color de este chakra es el rojo intenso, brillante, con piedras de sanación, de color granate y cuarzo ahumado, los aromas para poder trabajar con la aromaterapia, son el jazmín y el sándalo y su música favorita, si se quiere hacer bailar son los tambores.

La mantra semilla es el LAM.

A nivel alimentario lo estimulan las proteínas y las raíces como el jengibre, los boniatos y las patatas.

La madre tierra lo toma como su favorito ya que por medio de él se ponen raíces con Gaya.

Para trabajarlo un poco además de las pistas ya dadas como ponerle aromas favoritos, o ponerlo a bailar con tambores, también se le puede poner la siguiente meditación:

Poner la atención en el hueso sacro, justo al final de la columna vertebral en donde se halla el primer chakra.

Se debe respirar profundamente y relajarse.

Hay que mantener los ojos cerrados, sabiendo dónde está situado el primer chakra, se debe visualizar un punto de color rojo.

Ahora se pone la palma de la mano derecha sobre la ingle derecha.

Desde ese instante se visualiza el aire que se respira, el aire es de color rojo también, se tiene que poner la atención situada en ese aire rojo que entra por las fosas nasales y que se va canalizando y descendiendo por el interior a través de la columna vertebral, se descubrirá que este aire rojo llega al primer chakra.

El aire que se está respirando va a tonificar todo el sistema nervioso, especialmente en esa zona donde está puesto el enfoque.

Cada inspiración almacena lo positivo que conlleva

el aire, esa es la misma vida, con cada expiración se está eliminando lo negativo y esas impurezas acumuladas que están contaminando el cuerpo.

Hay que contemplar por unos instantes el inmenso campo que se tiene delante, que está lleno de amapolas y hojas de color rojo fuerte y llamativo como el color del chakra.

Cuando se ve este color tan hermoso, se siente relajación y tranquilidad e inunda de paz.

Ahora el cerebro recibe órdenes oportunas, de acuerdo a la voluntad, para que los órganos que dependen del chakra con el que se está trabajando se relajen y cumplan perfectamente cada uno de ellos con su función.

Los órganos de excreción, sexuales, matriz, plexo pélvico, próstata, talones de pies y manos.

Cuando este chakra funciona bien se reducen sin ningún esfuerzo la agresividad y los miedos.

Da ahora un ligero movimiento circular con la palma de la mano siguiendo la dirección de las agujas del reloj, sobre la ingle izquierda mientras afirmas que es la expansión natural del pensamiento y la alegría.

Segundo chakra. Swadisthana o chakra sacro

Este chakra representa los sentimientos, las emociones y las sensaciones puras, sin olvidar el intelecto.

Es la capacidad para la transformación y comenzar a fluir, la capacidad de atención, creatividad, concentración y la conexión con la fuente interna de la inspiración.

Aquí reside el sentido de la belleza, la estética, el arte, las nuevas experiencias y la apreciación de la vida.

Este chakra impulsa el placer, el disfrute de la vida y la alegría y al igual que el primer chakra gobierna sobre la subsistencia, la sexualidad o el dinero.

En este caso desde la polaridad femenina, este es el chakra que rige sobre los instintos de supervivencia, buscando la seguridad y la protección, la sexualidad se vive como una energía creativa y sensual.

El dinero es importante por la seguridad que nos brinda más que por el poder como era el caso del primer chakra.

La capacidad de dar y recibir amor, de captar los sentidos y manejar las emociones básicas como rabia, miedo, odio, amor, junto con otras características importantes del segundo chakra.

En el cuerpo se expresa en los riñones, la vejiga, las caderas, genitales, los humores, el sistema reproductor, los jugos digestivos, la sangre, linfa, esperma.

Tercer chakra. Manipura o chakra del plexo solar

Este es el chakra del plexo solar, el centro de poder o Manipura, este se puede llamar como se prefiera, lo que no se puede hacer es olvidar su existencia, este chakra irradia y distribuye energía a todo el cuerpo.

Este es el chakra que se usa para las metas y los logros, da la energía y la vitalidad y se alimenta por el fuego del plexo solar, es un chakra que se asocia con las glándulas suprarrenales y los riñones, se rige por el elemento fuego y desarrolla la visión, así como los procesos del sistema digestivo y metabólico.

Este es un chakra que incita a que se actúe y se completen las visualizaciones con la libertad, la confianza, la facilidad de ser uno mismo y el papel con el que cada persona se identifica.

Es el responsable de la voluntad, la individualidad, el

ego, la conciencia apasionada y el dinamismo. Esto lo hace muy interesante.

De los siete chakras principales este es el centro de la energía de poder, la coordinación y el sentido de control. El color que tiene es el amarillo, se ubica entre el ombligo y el plexo solar.

Con este chakra se conecta con la fuente interna de la energía, es el último que se apaga cuando se fallece y se relaciona con la actividad del cuerpo mental.

Cuarto chakra. Anahatha o chakra del corazón

Cuando se tienen problemas para conseguir el equilibrio, cuando se le busca dar sentido a la existencia y darse valor para sentirse bien consigo mismo, este es el chakra que juega un papel importante.

Este chakra se relaciona con el amor universal, con las relaciones, los sentimientos, la apertura de la vida y la compasión.

Está relacionado con el equilibrio, la propia seguridad, la curación, el bienestar, el perdón y se encarga de equilibrar el corazón, el pecho y los pulmones.

El cuarto chakra se le conoce como chakra del amor, o Anahatha. El significado que tiene es intacto, no golpeado, y está en el medio del pecho, a la altura del corazón.

Es de color verde, dorado y rosado, el mantra que maneja es el YAM, la nota musical es el Fa sostenido.

Se rige por el sentido del tacto y su elemento es el aire.

Es el centro de sistema de chakras y es uno de los más importantes por lo que se hace un puente entre los otros chakras inferiores y otros materiales y los tres chakras superiores y espirituales.

Al tener este chakra en armonía aparece el equilibrio y la vitalidad, este fomenta el amor incondicional, la compasión, la comprensión, la perseverancia, la solidaridad y la paciencia.

Quinto chakra. Visudda o chakra de la garganta

Este es el chakra de la garganta y tiene que ver con la capacidad para poderse comunicar.

Se relaciona con el equilibrio, la seguridad propia, el perdón, el bienestar, se encarga de los pulmones, el corazón y el pecho.

Se encuentra ubicado en la garganta y se encarga de

las comunicaciones, la autoexpresión de los sentimientos y la verdad.

El color al que responde es el azul.

Sexto chakra. Ajna o chakra del tercer ojo

El nombre de este chakra es percepción, se enriquece con el conocimiento, desarrolla la autoridad y se asocia en el cuerpo con la glándula pituitaria, con los ojos, con el elemento luz y con el cerebro.

Está relacionado con nuestra habilidad para lograr mejorar el enfoque y el panorama general.

Se ubica en el centro de los ojos y en los aspectos emocionales, está relacionado con la intuición, se mejora muchísimo la imaginación, se es más sabio y se tiene más capacidad para pensar y tomar decisiones.

El color que representa este chakra es el índigo.

Séptimo chakra. Sahasrara o chakra de la coronilla

Este es el séptimo chakra y se vincula con la mente y con la lucidez, el nombre significa la flor de loto de los mil pétalos.

Se asocia en el cuerpo con la glándula pineal y el córtex cerebral, con la espiritualidad y la conciencia.

Está ubicado en la parte superior de la cabeza, exactamente en la coronilla.

Los aspectos emocionales que representa son la belleza interior y exterior, se hace conexión con la espiritualidad y la dicha pura, cuando se tiene este chakra en equilibrio se siente una sensación inmensa de amor.

Los colores de este chakra son el blanco y violeta.

MÉTODOS KUNDALINI PARA ALINEAR LOS CHAKRAS

Para poder desbloquear los chakras es necesario que se comience a entrar en una frecuencia que ayude a causar una resonancia pero entre más resonancia haya más saludable se va a sentir el espíritu, las emociones y el cuerpo.

Se dice que no hay mejor manera para esclarecer las barreras del pensamiento, los sentimientos y las emociones que por medio de la meditación, haciendo ejercicio al aire libre y creando vínculos saludables.

En ocasiones el bloqueo parece que no quiere quebrarse y esto puede hacer que los chakras se bloqueen.

Cuando los chakras no se revitalizan, el cuerpo

energético y aural, y el cuerpo físico no se desarrollan en los aspectos de la autoconciencia.

La energía no se transmite hasta los niveles aurales a cada capa progresiva en cada una de las frecuencias, esto experimenta un bloqueo que es importante porque no deja entrar la información.

Para que los chakras tengan un buen funcionamiento, es normal que se abran para metabolizar las energías particulares que se necesitan del campo de energía universal, es como si fuera un disco que gira en sentido del reloj haciendo fluir la energía de afuera hacia el centro, facilitando al metabolismo alcanzar todo su potencial.

Desbloquear los chakras requiere de una frecuencia importante que ayude a causar una resonancia, pues entre más se resuene más salud habrá en el espíritu, en el físico y en las emociones.

Un modo de hacerlo es moviendo esas energías por medio del cuerpo y con el uso de la meditación, logrando que cada capa esté en la misma frecuencia con el cosmos, otra manera es por medio de las posiciones kundalini que hacen que se muevan las energías desde la raíz hasta la coronilla.

Estas son las líneas kundalini para alinear cada uno de los chakras.

Chakra Muladhara bloqueado

Cuando este chakra está bloqueado se debe a una sensación de miedo y paranoia que es intensa. Esto causa que se genere un desbalance y una desconexión.

Se relaciona con una percepción falsa de estar entre naturaleza y cultura.

La manera de desbloquearlo es comenzar con la meditación enfocando la energía en la base de la espina, sintiendo la conexión con la tierra, hay que relajarse, dejar caer los músculos kegel e imaginar la manera en la que la espina se expande a la tierra como las raíces de un árbol, poco a poco el miedo pasa a ser coraje y de este modo vas desbloqueando este chakra.

El chakra sacral bloqueado

Este se puede bloquear por una sensación de vergüenza y culpa ante el placer, muchas veces se siente esta sensación de arrepentirse por lo que se ha disfrutado y vivido, inclusive por medio del pensamiento de que el pasado pudo ser distinto si tan solo se hubiera sido más audaz.

La manera de desbloquearlo es imaginar el color naranja mientras se está meditando, hay que enfocar toda la energía en la zona genital.

Se puede acceder con facilidad a este chakra para transformarlo en una expresión de creatividad y emociones de sí mismo. La conexión entre el cuerpo físico el cosmos y los fluidos corporales refuerzan el estado del espíritu, las emociones, el físico y la mente, es como un río que llega al océano.

Hay que hacer la visualización de que se mueve con el flujo y el ritmo natural del cuerpo en balance con el mismo ritmo grandioso del cosmos.

Se puede ejercitar este chakra contrayendo los genitales y el ano y así poco a poco irlo desbloqueando.

Chakra manipura bloqueado

Este se puede bloquear por la vergüenza y la humillación, por la inseguridad y la duda.

A este chakra se le conoce como el plexo solar, se asocia con la digestión y el movimiento, también con la intuición por medio de un equilibrio mental y emocional.

Este chakra en armonía muestra una vida llena de poder, autoridad y dinamismo, permite que se esté comprometido con el empoderamiento y la fluidez del cosmos para fortalecer la autoestima, el respeto a los demás y a sí mismo.

Cuando el chakra comienza a desbloquearse se siente felicidad, seguridad, amistad, alegría, para poderlo conseguir hay que imaginar el color amarillo mientras se medita con una vela durante el proceso de meditación. Hay que enfocar el prana en el plexo solar.

Se debe imaginar un sol radiante que está iluminando los órganos, la piel y el sistema digestivo.

MÉTODOS KUNDALINI PARA ALINEAR LOS CHAKRAS (PARTE II)

Dicen que no hay mejor manera de esclarecer las barreras del pensamiento que por medio de la meditación. Aunque en ocasiones el bloqueo es tan difícil que ni así se puede desbloquear un chakra que no avanza, entonces toca recurrir a otras herramientas más efectivas.

Cuando un chakra no se revitaliza el cuerpo aural o energético y el físico no fomenta el desarrollo en la vida de una persona, no se genera autoconsciencia ni se transmite energía entre los niveles aurales a cada capa y frecuencia.

Los bloqueos fuertes no generan la información que se necesita. Chakras abiertos es garantía de comunicación efectiva, se requieren para que se pueda mover la energía universal chi, prana u orgón.

A continuación los otros chakras que se deben trabajar para alinearlos por medio de la posición kundalini.

Chakra anahata bloqueado

Cuando el bloqueo es en el chakra Anahata este puede ser causado por las emociones como el duelo, el dolor, la angustia, la apatía el tedio y se deriva de un amor perdido, por la muerte de un familiar, por no lograr lo que se ha propuesto e incluso cuando se va una pareja que se amaba.

Se experimenta la ausencia o la empatía a nivel emocional y la rigidez a nivel espiritual. Por tanto es difícil que se pueda mostrar el amor hacia sí mismo sin evitar sentir la vulnerabilidad para con otros.

El chakra ubicado en el pecho se balancea a los inferiores y superiores y simboliza la unión divina entre lo femenino y masculino.

Representa la capacidad para tomar decisiones propias.

La manera de desbloquearlo es que se comience respirando en cuatro puntos mientras se está imaginando el aire vital que emana del pecho y por medio del cuerpo, conectando con el cosmos, la clave para la meditación es sentir la unicidad con el cosmos, da cuenta de que la desconexión es solo una ilusión.

Es saberse consciente con cada respiración, mientras se hace, se puede usar el mantra correspondiente al chakra.

El chakra Vishuddha bloqueado

Cuando el chakra de la garganta está bloqueado puede ser por los sentimientos de deshonestidad o poca autenticidad.

Se relaciona con las sensaciones de claustrofobia ansiedad e inseguridad.

Muchas personas sienten que este chakra se bloquea, porque no tienen un estilo de vida saludable, andan llenos de decepciones y mentiras dejando como resultado dificultades para ser genuinos consigo mismos y con las personas del entorno.

Inclusive se pueden buscar alternativas relacionadas con la ansiedad y la codependencia, la manera de desbloquear este chakra es practicando la meditación enfocada en la autointerrogación, la meta es ir más allá de sí mismo y encontrarse de una manera auténtica y original.

Es hacer preguntas existenciales inhalando profundamente, respondiendo las preguntas de manera honesta, llevando un ritmo de preguntas y respuestas con tono rítmico y profundo.

Es una meditación donde se trabajan los sentimientos, la claustrofobia, la ansiedad y se busca ser honesto y conectar con el cosmos.

El chakra del tercer ojo bloqueado

Este chakra puede bloquearse por la ilusión, uno de los grandes miedos del ser humano es ser inadecuado, es cuando se siente que se está disociado, esto se relaciona con la intuición pobre, con el sentido de la identidad débil, incluso con la incapacidad de estar sin estar.

El modo de desbloquear este chakra es haciendo una meditación con la respiración y la imaginación en marcha. Se tiene que visualizar una luz, como la de una vela, que es la del tercer ojo.

Entonces se inhala y exhala y al hacerlo la llama tiene que volverse más grande cuando se inhala y más pequeña al exhalar.

Se debe tener la certeza de que se es todas las cosas del mundo en ese momento y que todas las cosas son parte de uno.

El chakra de la coronilla bloqueado

Este es un chakra que se puede bloquear por el exceso de apego. Entre los síntomas se encuentra la angustia existencial, la desconexión con la mente, el alma y el cuerpo.

Es la incapacidad de abrirse con los demás.

Este es un chakra que se relaciona con la percepción distinta a nuestra existencia a la infinidad y a la esencia. Una manera de desbloquearlo es inhalar y exhalar en el momento y hacerlo nuevamente sosteniendo un poco más el aire.

Este es un tipo de meditación que permite dejarse llevar por la unión divina y el amor cósmico, eleva la energía de los chakras inferiores hacia un reino de conciencia pura.

La respiración vital que se inhala impacta en la declaración sagrada, la luz divina y el tercer ojo que va abriéndose por medio de cada ejercicio que se hace.

Este es un chakra que se relaciona con la sabiduría,

con la iluminación y la trascendencia. El planeta que le gobierna es Urano y se relaciona con la glándula pituitaria.

Cuando se logra desbloquear el inconsciente colectivo hace presencia y se unifica con la conciencia vibratoria de la kundalini haciendo eterna la vibración.

La frecuencia es única y hace sintonía con la orquesta del cosmos, esto puede suceder muchas veces en el camino espiritual y cada vez se tiende a aumentar la sabiduría.

5

ABRIENDO LOS CHAKRAS CON LA MEDITACIÓN

Los chakras que trabajan en exceso se saturan y generan bloqueos que a la vez van afectando toda la vida en general y la energía que tiene el cuerpo también sufre un impacto.

El chakra refleja su problema en el cambio de la tonalidad de color del chakra afectado.

Entonces estos en lugar de verse brillantes y hermosos, se tornan oscuros e incluso parece que se cubren por una costra como si nunca se hubieran limpiado, ahí se hace necesario tratarlos para devolverles la vitalidad y las vibraciones.

La meditación es una de las herramientas importantes para lograrlo.

Si se quiere meditar entonces se tienen que seguir estos pasos:

Hay que encontrar primero un lugar que sea tranquilo donde se tenga la garantía de que no habrán interrupciones y ya conseguido se debe sentar en una posición de meditación, con la espalda recta y con comodidad.

Dependiendo de la capacidad se puede adoptar la posición del loto o la del medio loto, si una persona tiene una dolencia lo puede hacer en una silla. La idea es que la posición adoptada muestre una sensación de fortaleza y equilibrio.

La espalda tiene que estar derecha sin terminar en la rigidez y los pies firmemente sobre el suelo en caso de que se esté en una silla.

El otro paso es cerrar los ojos y con las manos se hace el mudra de la iluminación, que consiste en entrelazar los dedos excepto los índices y pulgares que se quedan extendidos pero con las puntas en contacto.

Ahora se comienza a visualizar el chakra raíz que es una bola roja de energía en la base de la columna.

Se debe crear una imagen mental del cuerpo desde el punto de vista de una tercera persona.

Se debe procurar imaginar al cuerpo como un espacio oscuro donde resalta el color y la luz de cada chakra que se está activando, se debe visualizar el chakra raíz como la esfera roja y que flota en el cuerpo.

Se debe imaginar a esa energía como un gran círculo que va saliendo y va logrando la normalidad. Es una explosión de energía que debe visualizar el chakra para poderse activar.

Con cada chakra se tiene que imaginar una energía inmensa que va saliendo y regresa a él.

Se pueden activar los músculos relacionados a este chakra que se trabaja para ayudar a que el proceso se realice.

Hay que permitir la energía en este centro.

Cuando ya se ha activado el chakra raíz entonces corresponde limpiarlo y para esto se tiene que visualizar un rodillo o una vara de energía blanca que baja desde la cabeza hasta la base de la columna. Así este chakra llega al chakra raíz.

Luego se tiene que girar el rodillo, desde el centro

haciéndolo adquirir velocidad y que este parezca que genera electricidad en el chakra raíz.

Se tiene que visualizar la energía negativa expresada en tonalidades oscuras de color rojo, negro y gris saliendo de este chakra y subiendo hasta la cabeza, de la misma manera en la que una ballena saca agua, se hace hasta que el chakra tenga la tonalidad roja brillante que le corresponde.

Se debe hacer lo mismo con todos los chakras hasta que se logre alinear totalmente todo.

La meditación para los chakras dejará como resultado un efecto genial y lo mejor es que su efecto es inmediato.

Se centra en los chakras en los que se podrá disfrutar del viaje, pronto se va a ver que la meditación es fácil de hacer y cuando se logran alinear los chakras la vida mejora.

La meditación anterior fue hecha con el propósito de lograr un equilibrio en esos chakras para poder atraer la abundancia en todos los niveles y lograr que se tenga sanación, mental, espiritual y física.

DESBLOQUEAR LOS CHAKRAS CON LA DIGITOPUNTURA

Hay muchas herramientas para poder alinear los chakras, una de ellas es la digitopuntura.

Muchas personas tienen los chakras debilitados e incluso bloqueados y viven con ello sin tener constancia de que lo padecen, por eso ahora es importante conocer esta herramienta para de una forma sencilla resetear completamente el sistema de los chakras principales.

Ya se sabe que los siete chakras son los centros energéticos principales del cuerpo y desde este mismo cuerpo físico es posible activarlos o regenerarlos.

Dado que se es un holograma, cada una de las partes

contiene la información del resto. De este modo se pueden ver las alineaciones de los demás chakras en el perfil de ambas manos y haciendo masajes o presiones en los lugares puntuales para despertar los puntos correspondientes.

Se debe prestar atención a los puntos que tengan más dolor o que más incomodidad generen para ajustarlos. En esos lugares es donde los chakras están con más problemas.

Con el pulgar de la mano contraría se comienza a hacer un masaje circular en el sentido de las agujas del reloj y sobre cada punto correspondiente a cada chakra.

Es algo que puede hacerse las veces que se quiera. Se puede sentir un poco de dolor en ese punto o zona.

Se coloca el pulgar en vertical en la mano contraria al primer punto y se empieza a hacer una serie de siete masajes dibujando los círculos presionando constantemente en el sentido horario.

Se sigue haciendo de la misma manera hasta que se concluya con el séptimo punto que acompaña con una respiración profunda y pausada. Esto hará que esta experiencia sea relajante y agradable.

La presión se debe hacer fuerte pero sin que cause dolor, el dedo siempre tiene que estar colocado de manera vertical y teniendo cuidado con las uñas, que deben estar cortas.

AROMATERAPIA PARA ALINEAR LOS CHAKRAS

Los aceites esenciales de los chakras son esos óleos de origen natural que se usan con el fin de generar un cambio en los puntos o centros de poder que tiene el cuerpo humano.

Las raíces esotéricas de la antigüedad consideran a los chakras como los elementos que reciben y transforman la energía vital al cuerpo.

La energía vital llega a los chakras por la absorción directa del entorno, y los canales energéticos.

Los eruditos dicen que hay cerca de 72 mil canales energéticos pero los primordiales son el del fuego, la luna y el sol, o sea Suyshumna, Ida y Pingala, el Ida y Pingala se entrelazan con el primero y forman un gran conducto de energía.

Lo alinea con la columna vertebral del cuerpo físico donde están los siete chakras principales, el prana se transporta por medio de Sushumna para activar los chakras principales de la misma forma como la energía cósmica o divina se identifica con la serpiente kundalini que está dormida en la base de la columna o chakra raíz.

Cuando kundalini despierta con los ejercicios físicos, mentales y místicos, recorre los centros de poder en la Sushumna hasta llegar al chakra de la coronilla que muestra el estado de gracia.

Los aceites esenciales para lograr el equilibrio

Hay quienes dicen que los chakras se mantienen dormidos hasta que son despertados por los centros de poder de la energía kundalini, muchos especialistas aseguran que estos centros se mantienen en constante funcionamiento, si se toma en cuenta esta creencia, los chakras se regulan energéticamente cuando se conectan con kundalini, pero en la ausencia de esta se pueden estimular por medio de otros métodos.

Muchos recomiendan que se pongan en uso los aceites esenciales de los chakras como una alternativa para lograr el equilibrio en ellos y mejorar el funcionamiento de estos centros de poder.

El enfoque de los aceites es trabajar los siete chakras: Muladhara, Swadhisthana, Manipura, Anahatha, Vishuddha, Anja, y Sahasrara.

Hay muchísimos aceites esenciales que sirven para lograr la armonía en los chakras, pero ahora mismo se mencionarán los que más se usan, según el centro de poder que se trate con el objetivo de lograr lo que se quiera con ellos, que es abrirlos.

Muladhara

Este es el primer chakra, conocido como el chakra raíz, se sabe que se ubica en la base de la espina dorsal en el perineo entre el ano y los genitales.

Asociado a la fuerza de voluntad, al apego, la vida y la vinculación con la tierra.

Se pueden usar en este chakra los siguientes aceites:

- Pino para la purificación.
- Pachulí para la energía física.
- Cedro para el equilibrio.
- Lavanda para la serenidad.
- Clavo de olor para controlar la ira.

- Mirra para la motivación.
- Pimienta negra para la alegría de vivir.
- Jengibre para la confianza.

Swadhisthana

Este es el segundo chakra que se llama chakra sacro y está en el área púbica, entre la quinta vértebra lumbar y el hueso sacro.

Este es un centro de energía que se relaciona con la afirmación de la seguridad, la energía sexual y reproductiva, la creatividad y el entusiasmo.

Los aceites recomendados para usar con este chakra son:

- Sándalo para la espiritualidad.
- Ylang Ylang para la sexualidad.
- Rosa para la creatividad.
- Romero para la vitalidad.
- Jazmín para la sensualidad.
- Naranja para la felicidad y luchar contra la depresión.
- Geranio para la ansiedad.
- Benjuí para el poder personal.

Manipura

Este es el tercer chakra y se conoce como el chakra del plexo solar o umbilical, se encuentra entre el plexo solar y la zona del ombligo. Por debajo de la caja del tórax.

Se asocia con la interacción con los demás, la aceptación, y la manera en la que se procesan las emociones.

Los aceites que se recomiendan para este chakra son:

- Canela para conseguir energía.
- Bergamota para la depresión.
- Menta para liberar las emociones que se tienen reprimidas.
- Eucalipto para vencer la pereza.
- Limón contra la apatía.
- Manzanilla para lograr la tranquilidad.
- Hinojo para calmar.
- También se usa el romero, la lavanda y el jazmín.

Anahata

Este es el cuarto chakra y es el chakra del corazón o cordial, se encuentra en la región cardíaca en el centro del pecho, en este punto de energía se vincula todo lo que es el sentimiento del amor, el estado de ánimo, y la fortaleza para sanar internamente.

Los aceites más usados son:

- Nardo para la purificación.
- Palo de rosa para relajarse.
- Cardamomo para la euforia sexual o espiritual.
- Geranio para la ansiedad.
- Salvia para la creatividad.
- Albahaca para la claridad.
- También se usa el pino, la rosa, la mirra, la bergamota y el jazmín.

Vishuddha

Este es el quinto chakra y se conoce como el chakra de la garganta o del cuello, está ubicado en la garganta entre la laringe y la prominencia laríngea.

Se relaciona mucho con la comunicación y el proceso de la información, el vínculo entre el pensamiento y las emociones.

Los aceites esenciales que se usan con este chakra son:

- Enebro contra el miedo.
- Petirgrain contra las emociones no dichas.
- Árbol de té para la asertividad.
- También se utilizan la salvia, el eucalipto, manzanilla y benjuí.

Anja

Este es el sexto chakra y se le llama frontal o tercer ojo, se encuentra por encima de la base de la nariz, en el entrecejo.

Se relaciona con la capacidad psíquica y la percepción del yo, el sentido práctico, y el poder de visualizar.

Los aceites para este chakra son:

- Anís estrellado para la clarividencia.
- Violeta para la paz.
- Incienso para el desarrollo espiritual.
- Vainilla para la tranquilidad.
- Vetiver contra la negatividad.
- Otros aceites usados son el enebro, la menta, rosa, jazmín, mirra y sándalo.

Sahasrara

Este es el séptimo chakra y se le conoce como el chakra coronal o centro de la coronilla, se encuentra en el centro superior del cráneo, es una zona de poder que representa la espiritualidad, la inspiración, el vínculo con lo divino.

Los aceites más usados con este chakra son:

- Loto para la paz espiritual.
- Neroli para el amor propio.
- Ciprés para la protección.
- Otros aceites usados son la mirra, el incienso, el ylang ylang y el sándalo.

Los aceites esenciales se recomiendan que se usen los que son naturales y no los artificiales, algunos los combinan.

Lo que si tiene que tenerse en cuenta es que no se pueden usar puros sino diluidos.

LOS CHAKRAS Y LOS ARQUETIPOS

Todas las personas tienen el deseo de madurar para volverse completos.

Entonces, qué son los arquetipos:

Son un modelo de autoconciencia que tiene las actitudes definidas que se toman ante la vida, representan las cualidades disfuncionales o funcionales que hay en cada persona.

Tienen patrones fijos de comportamiento humano, se encarnan personajes que son ficticios, mitos y folclore.

Refleja los aspectos del inconsciente de una persona y el inconsciente colectivo.

Los arquetipos sirven para reflejar el mundo que se

ha proyectado desde las cualidades emocionales del interior.

Ayudan a comprender mejor las motivaciones, los comportamientos y en general el mundo interno de cada persona.

Con estos arquetipos se pueden identificar patrones que sean constructivos y también los que son autodestructivos.

Permiten comprender mejor a los demás y conocer lo que pasan en ese momento en sus procesos.

Los medios para poderlos identificar es con la meditación constante, también haciéndose consciente de la actividad que se hace y de los pensamientos que se tienen.

Hay que dejar caer los juicios acerca de los demás y de sí mismo, se frena la actividad y los pensamientos.

Se identifican cuáles son los patrones que se repiten.

En cuanto a los chakras con los centros que distribuyen la energía en el cuerpo, lo hacen por medio de los tres canales distintos: Ida, Pingala y Shushumna, son el mapa de lo que está pasando en el mundo exterior.

Hacen una comunicación con el creador y el mundo y con el mundo y el creador.

El equilibrio depende de cuánto es la identificación con el cuerpo o el mundo exterior o con el espíritu.

Los chakras y los arquetipos

Los chakras tienen relación con los arquetipos porque ambos representan una medida de los estados emocionales y cuentan la historia de la persona, la manera en la que se siente, los deseos, sus vivencias, etc.

Cada chakra tiene una relación con una emoción, con un aspecto de la psique y a su vez su relación con un arquetipo que lo define y lo moviliza tanto en positivo como en negativo, en funcional y disfuncional.

Chakra raíz

La madre representa la habilidad para nutrirse y cuidar la fuerza vital, entre más se alimenta mejor se descansa cuando se requiere.

Da comodidad y se es menos dependiente, se mantiene en contacto con la madre que hay en cada uno y se aprende a crear una base estable para moverse con seguridad interior.

La víctima es tenerle miedo a no ser aceptado y crea torpeza cuando se va a desenvolver en las relaciones sociales.

Genera sufrimiento porque se siente que las decisiones ya se han tomado y no se pueden cambiar, se encuentra el estado de la desesperanza y la dependencia del mundo exterior, ya sea de la pareja, la familia o una organización.

Se desconecta de ella misma, de su interior.

Chakra sacro

El emperador o emperatriz permite que se puedan ver las cosas buenas por parte de la vida y se mantiene firme en el mundo con orgullo por lo que ha logrado en conquistas y con regocijo por eso.

Mantiene equilibrio emocional y se relaciona bien con otros sin crear lazos de dependencia o apego. Se siente bien con la abundancia, la prosperidad y el éxito, los cuales maneja con equilibrio.

El mártir hace un sacrificio que es exagerado por lo demás cuando no reconoce el valor individual que tiene. Cree que no merece ser querido y asume más responsabilidad hacía si mismo que la víctima pero no tiene la fuerza para asumir el poder donde lo desea.

Sufre por los demás y renuncia a la felicidad por mantener la paz y la estabilidad, muchas veces el mártir cree que está haciendo lo que es correcto por los demás, por la familia, padres, hijos, pareja. Vive una vida incompleta a costa de su propia felicidad.

Chakra plexo solar

El guerrero es un arquetipo poderoso, con una fuerza y habilidad para asegurar el derecho a ser una mejor persona que pueda ser y saber decir que no cuando se requiera.

Se afirma bien en el mundo laboral o profesional sin llegar a ser déspota o autoritario.

El sirviente no tiene un valor propio suficiente, proyecta el poder que tiene en otras personas dándoles poder, no le gusta ser el centro de atención y mantiene su posición en servir y ser tímido en extremo.

Otro arquetipo disfuncional de este chakra es la figura del tirano que contrario al sirviente, ejerce poder y fuerza para lograr afianzar el ego escondiendo la falta de autoestima y valor.

Chakra cardíaco

El amante posee la habilidad para amar a otros y amarse. Tiene el poder de establecer el contacto con el alma, equilibra la relación entre dar y recibir y aprende a manifestar al mundo el amor incondicional que posee.

El payaso, actor, actriz, actúa como si no pasara nada, escapa a las emociones que tiene en lo profundo de su corazón.

Procura no tener experiencias íntimas, cuando alguien se acerca demasiado a las vulnerabilidades que tiene entonces se cierra y sabotea él mismo las relaciones.

Chakra laríngeo

El comunicador es quien establece la comunicación interna con Dios y con el Yo interno, habla desde el Yo superior y expresa sentimientos con un propósito.

No es persona de criticar o chismear, no dice malas palabras y estas en cualquier formato tienen un gran valor.

Sabe que su espíritu se reduce cada vez que miente o manipula con sus palabras.

El distante es alguien con miedo a comunicarse, es un arquetipo donde hay diversos niveles de represión.

Alberga sentimientos de frustración, enfado y hasta violencia que no ha expresado. Es un arquetipo que guarda lo que siente dentro y no lo expresa.

Chakra del tercer ojo

El intuitivo presta atención a los diversos mensajes que le llegan, ve la manera de actuar, acepta las actuaciones y aprende de ellas para cambiar lo necesario y evolucionar.

No reniega de la imaginación ni de la intuición, luego de afinar las habilidades puede convertirse en un sanador o artista o un terapeuta talentoso.

El racionalista teoriza sobre todo en vez de estar sintonizado con los ciclos de la energía. Tiene la necesidad de encontrarle una explicación lógica e intelectual a cada cosa.

Le gusta controlar y programar todo, por lo que se siente perdido cuando las cosas no salen como las planeó y entre más deseo tiene de controlar menos paz interior tiene.

No confía en sus intuiciones y su sabiduría interior y

sentimientos, se ata a una serie de normas que le quitan la posibilidad de dejar volar la imaginación.

Chakra coronario

El sabio. Encarna la esencia de la conciencia y el amor, este arquetipo emana una energía con alta frecuencia, es limpia y bella, no separa la vida del ser y se muestra tal y como es.

No juzga ni critica. Se quiere y acepta en su totalidad y entiende que es más grande que sus limitaciones y aún más grande de lo que su mente limitada puede llegar a entender.

Sabe que todas las experiencias enriquecen y que son buenas para la evolución personal, aunque en ese momento se esté pasando por dolor y dificultades.

El egocéntrico, posee la creencia de que es el responsable de lo bueno que pasa en su vida.

Se identifica con el estatus profesional económico o de una clase social, actúa en los negocios de una forma severa y la forma de tratar el cuerpo es parecida, no enseña sus emociones cuando está enfermo o tiene dolor.

Debajo de esta fachada esconde desconfianza y tiene miedo a ser herido.

ASANAS PARA ALINEAR LOS CHAKRAS

El yoga es una herramienta excelente para trabajar los chakras.

Según la tradición del yoga hay algunas posturas que son ideales para poder equilibrar y alinear los chakras. Se sabe que los chakras se encuentran tres en la parte inferior y cuatro en la parte superior, son los principales.

Pero se debe saber la manera en la que se pueden alinear los chakras con yoga y las asanas más efectivas para lograrlo.

Por si no se tiene la información fresca, esta es la ubicación de los siete chakras, se nombran para evitar que se tenga que retroceder para recordar cada uno y su localización.

- **Muladhara** o chakra raíz: está en el perineo, en la base de la columna.
- **Svadhisthana**: está en el abdomen, los genitales, la espalda baja-cadera.
- **Manipura:** o chakra del plexo solar.
- **Anahata:** está en el centro del pecho.
- **Vishuddha:** o chakra de la garganta.
- **Ajna**: situado en medio de los ojos.
- **Sahasrara:** está en la coronilla.

Las asanas para equilibrar los chakras

El chakra raíz

El miedo es el que refleja problemas en este chakra cuando no funciona correctamente. También se puede sentir codicia cuando no marcha como debe.

Para desbloquearlo se debe hacer la postura del guerrero I, se puede hacer también la Tadasana, conocida como la postura de la montaña, se puede hacer la Uttanasana, con la pinza de pie y la Utthita Trikonasana que es la postura del triángulo extendido.

Svadhisthana, el chakra de la creatividad

La apatía es la que demuestra el poco movimiento de este chakra o si se está muy activo y emocional.

La manera de desbloquearlo es con la postura de Baddha Konasana, o también se puede hacer la Dandasana que es la postura del bastón.

La Paschimottanasana, que es la pinza sentada o la Upavista Konasana que es la flexión sentado hacía adelante.

Estos influyen en el chakra, masajeando y estimulando los órganos reproductores la vejiga, y el útero. Asociados a este chakra.

Manipura o chakra del plexo solar

Este chakra con poca actividad causa indecisión o en cambio puede causar mucha actividad o agresividad.

Las asanas recomendadas para hacer son la postura del barco que es de las mejores para tratar este chakra, lo ayuda a alinear.

También se puede trabajar con la Dhanurasana que es la postura del arco, la Ustrasana o postura del camello, y la Setu Bandhasana o postura del puente. Estos masajean la zona lumbar y abdominal.

Anahatha o chakra del corazón

Si este chakra anda con poca actividad se muestra

poco agradable, pero cuando tiene mucha actividad se muestra amoroso.

Para poderlo equilibrar se puede realizar la postura del camello, otra postura muy recomendada es la Bhujangasana o postura de la cobra y la Marjariasana o postura del gato.

Vishuddha o chakra de la garganta

Al estar inactivo se tiene timidez, por el contrario si está muy activo entonces se habla demasiado.

Se puede equilibrar con yoga, llevando a cabo la Matsyasana o postura del pez, la Vajrasana o postura del diamante, la Viparita Karani Asana o postura del gesto invertido y la Halasana o postura del arado.

Ajna o chakra del tercer ojo

Cuando tiene poca actividad puede generar confusión pero cuando tiene mucha actividad se tiende a sufrir insomnio, y arrogancia intelectual.

Para trabajarlo se requiere de la postura del niño o Balasana; la Janu Sirsasana o postura de la cabeza en la rodilla y la Makarasana que es la postura del cocodrilo.

Sahasrara o chakra corona

Al tener poca actividad probablemente se sienta rigidez en los pensamientos, cuando se tiene mucha actividad entonces se es muy espiritual.

Para poder desbloquear este chakra se puede hacer la postura del pino o sirsasana, la Vrksasana o postura del árbol, la Salamba Sirsasana o parada de cabeza y la Ardha Padmasana o medio loto.

La concentración y la energía

Dentro del yoga no se trata solo de asanas que desbloquea chakras y ya está, sino que son posturas que se llevan a cabo lentamente y van acompañadas por una respiración controlada, también se acompaña por la visualización y la circulación de la energía.

OTROS MÉTODOS PARA ALINEAR TUS CHAKRAS

Además de todas las herramientas descritas hasta ahora, existen otros elementos que son importantes para conseguir alinear y desbloquear los chakras. Se describen algunos para que se tengan más opciones de elección:

Gemas y minerales

Las piedras chakra activan o amplifican la energía de los chakras, esta es una lista que puede servir de ayuda para elegir el cristal de curación dependiendo del chakra que se vaya a trabajar.

- **Piedras chakras raíz:** Coral rojo, ágata, turmalina negra, rubí, ojo de tigre, hematita.
- **Piedras chakras sacro:** Cuarzo citrino,

piedra de luna, coral, cornalina.
- **Piedras chakras plexo solar**: Malaquita, citrino, topacio, calcita.
- **Piedras chakras del corazón**: Cuarzo rosa, calcita verde, turmalina verde, jade.
- **Piedras chakras garganta**: lapislázuli, aguamarina, turquesa.
- **Piedras chakras tercer ojo**: amatista, fluorita púrpura, negro obsidiana.
- **Piedras chakras corona**: selenita, cuarzo claro, amatistas, diamantes.

El funcionamiento de las piedras

La curación de las piedras se basa en la creencia que se tenga en la frecuencia natural que cada una emana.

Se puede activar para contribuir al movimiento o el equilibrio de la energía alrededor de ellas, en el caso de las piedras chakra la vibración que tiene cada cristal suena con los chakras específicos.

Se puede usar la intención y la intuición para activar el poder curativo de las piedras, la imaginación activa o la visualización que puede ayudar en el acceso al espacio en el que se puede usar la piedra o el cristal para equilibrar ese chakra.

La energía se canaliza por medio del cristal, luego afecta la vibración, la frecuencia en el que se está centrado.

Elegir una piedra chakra

Primero hay que ver las opciones de piedras de acuerdo al chakra que se va a trabajar.

Como los chakras tienen varias piedras hay que adecuar el que sirva con ese chakra y que conecte con la persona y las circunstancias.

Se puede trabajar con la intuición o la percepción intuitiva para elegir la piedra de curación, para ello se tiene que usar el sentido de la intuición o los sentidos que se tengan más desarrollados.

Se pueden ver las piedras y ver cuáles son las más apropiadas para el resplandor, se puede sentir la energía de la piedra pasándola sobre la mano y sintiendo un hormigueo o una sensación de calor.

Incluso en algunos casos la intuición dice cuál elegir cuando se necesite.

El uso de las piedras para la curación de los siete chakras

Hay muchas maneras de usar las piedras chakras

para la curación y alineación de estos, una vez que se ha elegido el que se desea usar se debe colocar sobre la ubicación del chakra en el cuerpo, se puede hacer estando tumbado.

Pero también se puede hacer de pie o sentado, sosteniéndola en las manos o llevándola como una joya pendiente que se mantenga en el cuerpo.

Hay que centrarse en la resonancia entre la piedra y el chakra que se trabaja para ver el poder de la intención, la meditación o solo relajarse sabiendo que se tiene esta piedra que está generando armonía.

No hay que olvidar que las piedras se deben limpiar luego de usarlas para eliminar esa mala energía que recoge.

Una manera de hacerlo es colocarla en un curso de agua como un río o meterla en agua salada de mar por un rato.

Se puede dejar al sol o con la luz de la luna, se puede frotar con salvia o enterrarlas en el suelo durante un buen periodo para que la regeneración sea intensa.

Los baños de colores

El agua conduce la energía y el color es energía, entonces se puede sumergir en el agua de colores para que el cuerpo absorba la frecuencia y la vibración en cuestión.

Es un baño que se tiene que disfrutar, para que el color llegue al alma y al chakra y lo alinee.

Mientras se está bañando se puede balancear el chakra pensando en lo que gustaría conseguir y mover las energías para que se dé.

Se le puede añadir aceite esencial de ese chakra en particular y así se puede incrementar el poder de la alineación.

No se deben usar colorantes químicos para teñir el agua, sino elementos orgánicos, esto garantiza la efectividad y la seguridad.

Baño de los siete chakras

Esta es una manera de hacer el baño de los siete chakras para que se comiencen a alinear y desbloquear.

Se requiere:

- Sales especiales de los 7 chakras.
- Bowl de cristal con agua.
- Jabones de los siente chakras.
- Incienso de sándalo.

Pasos:

Se realiza el baño con sales especiales de los siete chakras visualizando cada parte del cuerpo correspondiente al chakra en cuestión.

Se restriega cada color en la zona del cuerpo que corresponde al chakra.

- Rojo: espina dorsal y riñones.
- Naranja: genitales.
- Amarillo: estomago, hígado, sistema nervioso.
- Verde: corazón, sangre, sistema circulatorio.
- Azul: pulmones.
- Turquesa: cerebro inferior, ojo izquierdo, nariz y orejas.
- Violeta: cerebro superior, ojo derecho.

Entonaciones y sonidos

Se pueden generar vocalmente sonidos para vibrar a la misma frecuencia con varios órganos del cuerpo.

Se regula la entonación para ayudar con los órganos para que funcionen de manera apropiada.

La contaminación sonora puede perturbar el ambiente, hay que rendirse a los sonidos que generan felicidad y productividad, la tonificación de los colores al proyectar la luz a través de los filtros de colores del cuerpo. Todos entran y llegan al área designada.

Los chakras se pueden tratar con los mantras.

¿Qué es un mantra?

Es un sonido, una sílaba, un grupo de palabras que son capaces de crear la transformación.

El mantra bija es la semilla, es la sílaba, los sonidos de las semillas que se sueltan cuando se habla para purificar y equilibrar la mente y el cuerpo.

Al hablar la mente recibe la energía de ese mantra y lo ayuda a enfocarse en la consciencia instintiva del cuerpo y sus necesidades.

Estos son los mantras asociados a los chakras, sirven para hacer la limpieza y para trabajarlos.

Se pueden combinar con la meditación y mientras se está entrando en la contemplación se pueden pronunciar los mantras, es una manera ideal de conectar con tu interior y alinear los chakras.

Los mantras según el chakra son:

- "LAM"- Chakra 1 (la raíz)
- "USTED"- Chakra 2 (sacra / ombligo)
- "RAM"- Chakra 3 (plexo solar)
- "YAM"- Chakra 4 (corazón)
- "HAM"- Chakra 5 (la garganta)
- "OM"- Chakra 6 (tercer ojo / la frente)
- "OM"- Chakra 7 (corona)

Se pueden cantar los mantras bija ya sea de una en una o en secuencias. La repetición ayuda a acceder a un estado de meditación.

Se pueden hacer repeticiones largas, por ejemplo con el chakra de la coronilla y el mantra OM, se hacen repeticiones largas, donde se sienta la vibración "OOOOMMMMMMMMM" y así respectivamente con cada mantra.

Mientras se hace se puede concentrar en las regiones del cuerpo que se asocian con cada sílaba a medida que va avanzando por los mantras.

Es una manera excelente de conectar con los chakras y sentirse liberado.

CONCLUSIÓN

Los chakras deben estar equilibrados todo el tiempo, son una parte importante de nuestro cuerpo.

Todos somos energía, los chakras son centros energéticos que se distribuyen a través del cuerpo, desde la cabeza hasta el coxis, ya se sabe que se tienen los siete chakras principales y se tienen las herramientas para trabajarlos.

También se tienen subchakras que merecen ser trabajados y lo logran usando cualquiera de las herramientas que se mostraron en este trabajo.

Tambien se sabe que estos centros de energía determinan la cantidad y calidad de la energía que se tiene en el cuerpo, de la calidad de los chakras depende el mejor o peor funcionamiento del organismo.

Es por eso que el equilibrio es sumamente importante dentro de los chakras del cuerpo. Unos chakras no alineados no permiten que la energía fluya correctamente, por eso se tienen que trabajar para que se liberen y la energía corra libremente y el color correspondiente de cada uno sea el más hermoso.

Todos los chakras son importantes, cada uno tiene un papel por cumplir, así que no se pueden desbloquear unos sí y otro no, el cuerpo es energía total y los chakras una autopista, si un chakra se bloquea puede impactar a los otros y afecta la vida en general.

Los chakras bloqueados pueden incluso impactar en la aparición de enfermedades.

Queda a gusto de cada quien usar la herramienta que desee para tratar el chakra que tenga que ser trabajado, como se pudo ver todos los chakras tienen distintas formas de repararlos, se puede incluso hacer una combinación de técnicas para reforzar los efectos o disfrutar de cada una de las formas para que pueda llenarse de color esa aura y disfrutar de la experiencia.

Es recomendable que a pesar de limpiar los chakras,

se eliminen los pensamientos negativos, porque esto causa que llegue oscuridad al cuerpo, hay que erradicar la oscuridad por medio de herramientas de visualización.

Toca poner en marcha no solo lo que se mostró aquí, sino el trabajo con la mente, que se enfoque que todo lo que se piense y considere tiene consecuencias para la salud.

Si se atraen pensamientos negativos pues afectará el interior y por supuesto los chakras, pero si se tiene una mente optimista y positiva entonces además de mantener los chakras en correcto funcionamiento, todo lo que se atraerá será felicidad y bienestar.

Alinear los chakras es posible, que esta experiencia sirva para conocerlos y poder integrarse en ellos para sacar el mejor potencial que tenemos todos.

www.ingramcontent.com/pod-product-compliance
Lightning Source LLC
Chambersburg PA
CBHW060410080526
44583CB00012B/522